Kleinstkinder entdecken Herbst und Winter

Sibylle Fischer /
Barbara Mößner

Kleinstkinder entdecken Herbst und Winter

Spielideen und Impulse für Kita und Tagespflege

HERDER
FREIBURG · BASEL · WIEN

www.herder.de

Umschlaggestaltung: tiff.any, Berlin
Umschlagfoto: © Laoski – iStock.com
Layout: Weiß-Freiburg GmbH – Graphik & Buchgestaltung
Satz und Gestaltung: Typomedia GmbH, Ostfildern

Herstellung: Graspo CZ, Zlín

Gedruckt auf umweltfreundlichem, chlorfrei gebleichtem Papier
Printed in the Czech Republic

ISBN 978-3-451-32448-2

Inhalt

Vorwort

Mit diesem Buch möchten wir Sie einladen, die jahreszeitlichen Besonderheiten von Herbst und Winter gemeinsam mit den Kindern zu entdecken.

Alle Praxisvorschläge sind so ausgewählt, dass sie den Kindern facettenreiche Auseinandersetzungsmöglichkeiten mit der Umwelt anbieten. Sie finden hier viele Beispiele, wie man Kinder unter drei Jahren zum lustbetonten und experimentellen Umgang mit Material, Körper und Natur anregen kann. Besondere Vorbereitungen sind dazu jeweils nicht erforderlich.

Kinder kommen schon mit den notwendigen Kompetenzen ausgestattet auf die Welt, die sie brauchen, um sich mit Neugierde und einer enormen Lernbereitschaft weiterzuentwickeln. Sie erkunden von Beginn an ihre Welt mit allen Sinnen – und je älter sie werden, desto differenzierter setzen sie die Sinne ein. Aber nicht nur das Sehen, Hören, Tasten, Schmecken und Fühlen, auch die Gefühle, die ihre Welteroberungen begleiten, spielen eine wichtige Rolle. Damit die Lernprozesse der Kleinsten von positiv gefärbtem Gefühlserleben begleitet werden, sind vertrauensvolle Beziehungen zu Bezugspersonen (Soziale Einbindung) sowie Erfahrungsmöglichkeiten, die eigene Entscheidungen zulassen (Autonomieerleben) und für das Kind zu bewältigen sind (Kompetenzerleben) wichtige Voraussetzungen. Mehr Informationen zu diesen Entwicklungsthemen von Kleinstkindern sowie einen Überblick über die wichtigsten Entwicklungsschritte der ersten drei Lebensjahre finden Sie auf den Seiten 8ff.

Die Praxisbeispiele in diesem Buch sind nicht als Aufforderung zu verstehen, alle Kinder „unter einen Hut" zu bringen, sondern es geht vielmehr darum, den vielfältigen Interessen, Bedürfnissen und Entwicklungsverläufen der einzelnen Kinder in einer Kindergruppe Rechnung zu tragen. Wir möchten Impulse geben, wie man die Kinder in unterschiedlichen Kompetenzbereichen fördern und entsprechend ihrer individuellen Fähigkeiten durch Herbst und Winter begleiten kann.

Entdecken Sie, wie viele Bildungschancen im Alltag von Kleinstkindern stecken – und schaffen Sei Ihren Kindern den Zugang dazu!

Sibylle Fischer
Barbara Mößner

Das sich bildende Kleinstkind

Kinder bilden sich durch handelnde Erfahrungen mit der Welt der Dinge und in Interaktion mit den Menschen ihrer Umwelt von Geburt an selbst. Sich bilden stellt somit eine Eigenleistung des Kindes dar, wobei es bei seinen Bildungsbestrebungen auf die sensible Begleitung und die organisierte Bereitstellung von vielfältigen Erfahrungsmöglichkeiten angewiesen ist. In der aktiven Auseinandersetzung mit der Umwelt mit allen Sinnen, gehen die Erweiterung von Handlungskompetenzen und die Entwicklung der Persönlichkeit des Kindes untrennbar einher. In seinen Entwicklungsbestrebungen wird das Kind von drei psychischen Grundbedürfnissen oder Entwicklungsthemen geleitet:

Autonomie und Kontrollerleben

Kinder bewältigen jeden Tag unzählige Schritte, die ihnen deutlich machen, welche Kräfte und Möglichkeiten sie besitzen. Sie erleben, dass sie imstande sind, Effekte auf die Umwelt auszuüben, die Umwelt zu beeinflussen. Kinder sollen sich als Personen erleben, die mitentscheiden, was sie alleine oder in der Gruppe tun und wie sie es tun wollen. Werden Kindern Freiräume und Mitbestimmungsmöglichkeiten im Alltag, in Projekten und anderen Aktivitäten, eingeräumt, wird das Autonomieerleben unterstützt. Auf diese Weise lernen Kinder, ihre Entscheidungsspielräume zu nutzen und erleben sich als Verursacher ihrer eigenen Handlungen. Mit der Erfahrung, dass sie ihre soziale und dingliche Umwelt beeinflussen können, entwickeln Kinder Vertrauen zu sich selbst. Sie glauben daran, dass sie es schaffen, was sie sich vorgenommen haben, dass sie Aufgaben lösen und Probleme bewältigen können. Sie erfahren, dass sie andere Personen beeinflussen können und von anderen beeinflusst werden.

Die Welt handelnd entdecken

Aufgaben lösen und Probleme bewältigen

Kompetenzerleben

Kinder möchten die eigenen Fähigkeiten und Fertigkeiten immer wieder erproben und weiter entwickeln. Sie wollen sich selbst als Akteure erleben und die Wirksamkeit ihres eigenen Handelns erfahren. Das setzt voraus, dass Herausforderungen einen optimalen Schwierigkeitsgrad für das jeweilige Kind besitzen, damit es sich als Person, die Probleme oder Aufgaben selbstständig meistern kann, wahrnimmt. So entwickeln Kinder nach und nach Vertrauen in ihre Fähigkeiten. Die Auswahl von Aktivitäten sollte für das Kind eine Herausforderung darstellen, die es selbst bewältigen kann. Eine Orientierung allein an Altersangaben ist somit nicht angemessen, es kommt vielmehr darauf an, den individuellen Entwicklungsstand des Kindes, seine Interessen und Vorlieben zu kennen und darauf aufbauend Aktivitäten anzubieten.

Soziale Einbindung

Schon mit der Geburt sind Kinder in der Lage, sich mitzuteilen und auf andere Menschen zu reagieren. Diese Bereitschaft, sich aktiv anderen zuzuwenden, ist offenbar angeboren. Auf der Grundlage von unbedingter Wertschätzung, Geborgenheit, Verlässlichkeit und Zugehörigkeit, können differenziertere soziale Fähigkeiten im Laufe der Kindheit entwickelt und gefördert werden. Damit sich kleine Kinder in der sozialen Welt zurechtfinden und (Spiel-)Beziehungen zu anderen Kindern aufbauen können, brauchen sie Vertrauen in andere und die eigene Person. Mit diesen Voraussetzungen kann das Kind die Aufmerksamkeit des Gegenübers erlangen und seine Absichten in (entwicklungs-)angemessener Form mitteilen. Kinder lernen, eingebettet in soziale Beziehungen, auch mit Störungen, Unterbrechungen oder Missverständnissen in Interaktionsprozessen angemessen umzugehen.

Fähigkeiten erproben

Sich anderen zuwenden

Wichtige Entwicklungsschritte der ersten drei Lebensjahre

Wichtige Entwicklungsschritte im 1. Lebensjahr	Wichtige Entwicklungsschritte im 2. Lebensjahr	Wichtige Entwicklungsschritte im 3. Lebensjahr
✓ Bindung an eine Bezugsperson ✓ Fremdelalter ✓ Sensomotorische Intelligenz (Wahrnehmungseindrücke werden mit motorischen Abläufen koordiniert) ✓ Grundlagen für das Sprechen ✓ Selbstständige Bewegungsentwicklung	✓ Laufen lernen ✓ Umgang mit Trennung erproben (wachsende motorische Fähigkeiten/Spiel) ✓ Erleben erster Kompetenzgefühle und alleine spielen ✓ Erfahrungserweiterung im Spiel ✓ Sprachentwicklung schreitet voran	✓ Entdecken von Zusammenhängen ✓ Aufbau von Sozialkontakten ✓ Körperliche Reife ermöglicht das Benutzen der Toilette ✓ „Trotzalter" und Phase der Besitzverteidigung ✓ Entwicklung von Empathie

(vgl. Fröhlich-Gildhoff, 2008)

Die Beziehung von pädagogischen Fachkräften und Kind

Der Eintritt in eine Kindertageseinrichtung oder der Besuch einer Tagesmutter bedeutet für die meisten Kinder, erstmals längerfristig die familiäre Umgebung zu verlassen. Sie müssen sich von vertrauten und Sicherheit gebenden Personen lösen.

Bewegung selbstständig entwickeln

Kompetenzgefühle erleben

Zusammenhänge entdecken

Die Anforderungen an die Kleinsten sind daher immens: Neue Beziehungen müssen aufgebaut und entwickelt werden, Anpassungsleistungen müssen erbracht werden, um mit ungewohnten Erziehungsstrategien, fremden Menschen und einer Umwelt, in der Orientierung noch schwerfällt, zurechtzukommen.

Eine sichere ErzieherInnen-Kind-Bindung trägt wesentlich zur Entwicklung der Kinder in Kleinkindgruppen bei. Auf der Basis einer sicheren Bindung können sich Kinder der Umwelt zuwenden und sich aktiv mit ihr auseinandersetzen. Die pädagogischen Fachkräfte geben Schutz und Nähe – die wichtigste Grundlage für eine positive Entwicklung. Die Förderung der kognitiven Entwicklung geht Hand in Hand mit der Förderung der sozial-emotionalen Entwicklung.

Um den Kindern ihre Entwicklungsprozesse und somit ihren Zuwachs an Kompetenzen immer wieder vergegenwärtigen zu können, gehören Fotoapparat, Stift und Notizblock zur Grundausstattung des pädagogischen Alltags. Dokumentationen sind nicht nur ein wichtiges Handwerkszeug für pädagogische Fachkräfte, sondern auch für die Kinder selbst von großer Bedeutung. Anhand von Fotodokumentationen können sie z. B. nachträglich erkennen, worin die Einmaligkeit ihrer Entwicklungsschritte lag. Eine Fotodokumentation von einzelnen Arbeitsschritten kindlicher Aktivitäten kann zum „ersten Sachbuch" werden und Lernprozesse immer wieder lebendig werden lassen.

Die Fachkraft gibt Schutz und Nähe – wichtigste Grundlage für eine positive Entwicklung der Kinder

Herbst

Im Herbst werden die Tage kürzer, im Garten reifen viele Früchte, die Bäume schmücken sich mit buntem Laub, und das wechselhafte Wetter bringt Sonne und Regen. Oft ist es windig, und manchmal wirbelt ein Herbststurm die Blätter durch die Luft. Zeit für einen Herbstausflug, um die Natur mit allen Sinnen zu erleben!

Klar, so ein Herbstausflug muss vorbereitet werden, denn einfach mal vor die Tür gehen, wie im Sommer, das ist nun nicht mehr möglich: die An- und Ausziehsituation braucht Zeit und Aufmerksamkeit. Aber jede dieser Aktionen bietet den Kleinsten eine Fülle von Lernchancen. Und mit einem Anzieh-Ritual (S. 19 f.) macht das Ganze sogar richtig Spaß. Und dann kann's losgehen: Wie wär's mit einem Ausflug aufs Kürbisfeld (S. 14) oder auf den Markt (S. 16)? Regenwetter schafft fantastische Voraussetzungen zum Spielen, dann kann man nämlich durch Pfützen patschen, Sand oder Kieselsteine in die Pfütze hineinrieseln lassen … (S. 22).

Tolle Sachen kann man mit dem trockenen Herbstlaub anstellen (S. 34), und natürlich bringt jeder vom Ausflug etwas mit: Herbstzeit ist Schatzsuche-Zeit (S. 25), und mit Ästen und Nussschalen (S. 26f.) kann man zu Hause wunderbar spielen.

Wenn das Wetter allzu stürmisch oder regnerisch ist, gibt es eine Fülle von Möglichkeiten, die herbstlichen Sinneserfahrungen in den Innenräumen zu vertiefen: ob beim musikalischen Regentropfenspiel (S. 32) oder mit Fingerspielen und Liedern (S. 42).

Natur als Lebensraum – Die besondere Herbst-Aktion

Rund um den Kürbis

Im Herbst werden viele Obstsorten reif wie z. B. Äpfel, Pflaumen und Weintrauben. Früchte wie Zapfen, Eicheln, Bucheckern, Maiskolben, Kastanien, Hagebutten und Nüsse tragen ebenfalls zum vielfältigen Angebot der Natur bei. Prächtig leuchtende Herbstblumen und bunt gefärbtes Laub machen die Aufenthalte im Freien zum Genuss.

Ⓐ *Den schaue ich mir mal genauer an!*

Der Kürbis zählt zu den ältesten Kulturpflanzen der Welt. Mit zunehmender Begeisterung für die US-amerikanischen Halloweenbräuche haben Zier- und Speisekürbis nicht nur deutsche Gärten und Küchen erobert. In Kindertageseinrichtungen erfreut sich der Winterkürbis, das ist der „klassische" Halloweenkürbis, großer Beliebtheit. Je nach Sorte wird er ab September bis November vor dem ersten Frost geerntet. Erntereif ist der Kürbis, wenn er eine leuchtende Farbe und einen verholzten Stil hat. Mit einer Klopfprobe kann geprüft werden, ob der Kürbis seine volle Reife erreicht hat: Klingt der Kürbis hohl, kann er geerntet und weiterverarbeitet werden.

Raus aufs Kürbisfeld!

Das wird benötigt:

- ✓ *Kürbisse vom Feld oder aus dem Beet im Garten*
- ✓ *Messer*

So wird's gemacht:

Im Garten oder auf dem Feld angekommen, machen die Kinder die Klopfprobe. Ob der Kürbis sich reif anhört? Ja, dieser Kürbis ist reif! Haben die Kinder eine Entscheidung getroffen, schneidet die Fachkraft den Kürbis ab. Das können die Kinder nicht selbst übernehmen, da für die Kürbisernte ein scharfes Messer benötigt wird. Bitte nicht reißen oder abbrechen, der Kürbis büßt dann seine Qualität ein. Den Stiel etwa 15–20 cm lang lassen, damit der Kürbis gelagert werden kann und seine Frische noch eine Weile behält.

Das Beladen des Bollerwagens oder eines anderen Transportmittels übernehmen die Kinder. Ein großer Kürbis kann bis zu zehn Kilogramm auf die Waage bringen. Das fordert dazu auf, die eigene Körperkraft zu erproben: Welcher Kürbis lässt sich mühelos anheben? Bei welchem Kürbis braucht man so richtig viel Kraft? Welcher ist viel zu schwer? Lässt sich so ein dicker Kerl vielleicht rollen? Vielleicht schafft man es gemeinsam, den Kürbis auf den Bollerwagen zu bekommen? Ausprobieren!

Das wird benötigt:

Ausflug zum Markt

Gibt es keine Möglichkeit, selbst zu ernten, gibt es auf dem Markt in der Nähe sicher Kürbisse zu kaufen. Welche Obst und Gemüsesorten kann man sonst noch auf dem Markt entdecken? Wer kann ihre Farben benennen? Wer kennt ihre Namen? Machen Sie die Kinder auf die verschiedenen Früchte und Gemüsesorten aufmerksam. Auch Schnuppern ist unbedingt erlaubt! Bestaunen Sie gemeinsam mit den Kindern die vielen Farben und lassen Sie sich von den Herbstdüften verzaubern. Beim Marktspaziergang können Kürbisse gemeinsam ausgewählt und mit einem Bollerwagen oder einer „rollenden“ Einkaufstasche in die Einrichtung transportiert werden.

Kürbis-Kartoffelsuppe

- *750 g Kartoffeln*
- *500 g Kürbisfleisch (z. B. Hokkaido)*
- *Kräutersalz*
- *Pfeffer*
- *Petersilie*
- *ca. ½ Liter Gemüsebrühe*
- *Gemüsebürsten*

- *Kartoffelschäler*
- *Küchenmesser*
- *Schneidebretter*
- *2 Schüsseln*
- *Kochtopf*
- *Messbecher*
- *Küchenwiege*

So wird's gemacht:

Kartoffeln mit der Gemüsebürste reinigen. Das können die Kinder in eigener Regie übernehmen. Je nach Alter, Erfahrung und Interesse schälen die Kinder mit einem handlichen Schälwerkzeug Kartoffeln und Kürbis. Die pädagogischen Fachkräfte arbeiten natürlich mit. Das Gemüse in Würfel schneiden und in die bereitgestellten Schüsseln tun. In eine Schüssel kommen die Kartoffelwürfel, in die andere Schüssel das Kürbisfleisch. Sinnvoll ist es, durchsichtige Schüsseln zu verwenden, damit die Kinder sehen können, was in welche Schüssel gehört.

Kartoffeln in einen hohen Topf geben, mit Wasser bedecken und aufkochen. Nach fünf Minuten Kochzeit das Kürbisfleisch hinzugeben und beides zusammen circa 20 Minuten kochen, bis das Kürbisfleisch und die Kartoffeln weich sind. Den Topf von der Wärmequelle nehmen und den Inhalt mit einem Pürierstab oder einem Handmixer pürieren. Wenn ein Spritzschutz verwendet wird oder der Topf sehr hoch ist, sodass keine Spritzgefahr besteht, können die Kinder das Pürieren übernehmen.

Nun geht's ans Würzen: Die Kinder füllen so viel Kräutersalz in ein kleines

So schmeckt der Herbst

Gerade die Jüngsten lieben es, sich bei den täglichen hauswirtschaftlichen Tätigkeiten zu beteiligen. Dabei wählen die Kinder ihre Handlungen und Handlungsabfolgen selbst und verrichten ihre Arbeiten nach ihrer individuellen Art. So fühlen sie sich wichtig und ernst genommen. Miteinander kochen bedeutet Abfolgen kennenlernen und einhalten, sich mit der Verarbeitung von Nahrungsmitteln auseinandersetzten oder die Beschaffenheit von unverarbeiteten und verarbeiteten Nahrungsmitteln kennenzulernen. Kinder üben sich in unterschiedlichen Fertigkeiten oder setzen sich mit Mengen auseinander. Mit Küchenutensilien umgehen, Lebensmittel zerkleinern, messen oder wiegen sind nur einige Beispiele dafür. Außerdem lernen sie den Unterschied zwischen Arbeit und Spiel kennen. Wir haben mit den Kochlöffeln gespielt und jetzt arbeiten wir, wir rühren die Suppe um. Kochen und Essen bieten eine Fülle an Erfahrungsmöglichkeiten und sinnlich-genussvolle Erlebnisse.

Gefäß, wie zum Würzen der Suppe benötigt wird, und rühren es in die Suppe ein. Damit es nicht zu Reizreaktionen der Atemwege kommt, sollte das Abschmecken mit Pfeffer von der Fachkraft übernommen werden.

Zum Abschluss zerkleinern die Kinder mit einer Küchenwiege die Petersilie, geben sie in eine Schale und kurz vorm Servieren kommt sie über die Suppe. Guten Appetit!

Ich probier's mal mit den Händen …

… geht doch!

Wind und Wetter – mit allen Sinnen erleben

Pfützen und Flugobjekte

„Es gibt kein falsches Wetter, sondern nur falsche Kleidung!" Matschhose, Regenjacke und Gummistiefel gehören zur Grundausstattung der Kleinsten. Schon im ersten Lebensjahr fühlen sich Kinder von Wasserpfützen angezogen. Sie patschen vergnügt mit der flachen Hand hinein oder staunen über die Wellenbewegung des Wassers, wenn sie mit ihren Stiefeln in die Pfütze stapfen, Steine hineinwerfen, mit Stöcken das Wasser in Bewegung versetzen oder Händeweise Sand oder Kiesel in die Pfütze schaufeln. Auch der Herbstwind ist ein wunderbares Spielzeug, das nicht nur das Laub durch die Lüfte trägt, sondern auch andere Gegenstände zu Flugobjekten macht. Da gibt es viel zu beobachten!

Anziehen und ausziehen

Das wird benötigt:

- ✓ *Kinderkleidungsstücke für den Herbst*
- ✓ *eine große Puppe*
- ✓ *Korb für die Kleidungsstücke*

So wird's gemacht:

Frühmorgens sitzt die Puppe „Mali" im Eingangsbereich und wartet bereits auf das tägliche Ritual des Einkleidens. Mali ist für die Kinder wichtig. Sie wird täglich mit den Kindern so angezogen, dass auch Mali draußen spielen könnte. Was die Kinder heute anziehen müssen, damit das Leben im Freien ihren kleinen Körper warm und trocken hält, suchen die Kinder mit der Erzieherin aus dem Kleiderfundus von Mali aus. Ein Korb ist mit Kleidungsstücken für die Jahreszeit bestückt. Die Kinder wissen, dass heute Mütze und Schal oder Pullover und Matschhose dran sind.

Kleidung im Herbst

Es ist Herbst und wir müssen andere Kleidung tragen als im Sommer: Gummistiefel, Regenjacken, Anoraks, Matschhosen, dicke Jacken, Mützen und Handschuhe gehören zur Ausstattung für den Herbst.
So einfach mal spontan vor die Tür gehen, ist nicht mehr möglich – die An- und auch die Ausziehaktion braucht Zeit und Aufmerksamkeit. Aber jede dieser Aktionen bietet für die Kinder eine Fülle von Lernchancen. Das Anziehen und Ausziehen von Kleidungsstücken muss immer wieder erprobt werden – und eigentlich macht es auch Spaß. Welche Kleidung ist die passende? Und dann geht's auch noch darum, die richtige Kleidung in der richtigen Reihenfolge anzuziehen.
Gar nicht so einfach! Vielleicht könnte ich mal bei meiner Freundin gucken? Sie fragen?
Sich alleine anziehen zu können, macht die Kinder stolz. Und in der Tat ist es ein sehr wichtiger Schritt in Richtung Selbstständigkeit, der sehr viele verschiedene Kompetenzen braucht. Die pädagogische Fachkraft unterstützt das Kind in diesem Prozess – achtsam, wertschätzend, ermutigend –, und so kann der Weg zum „Selbermachen" allen Beteiligten Freude bereiten.

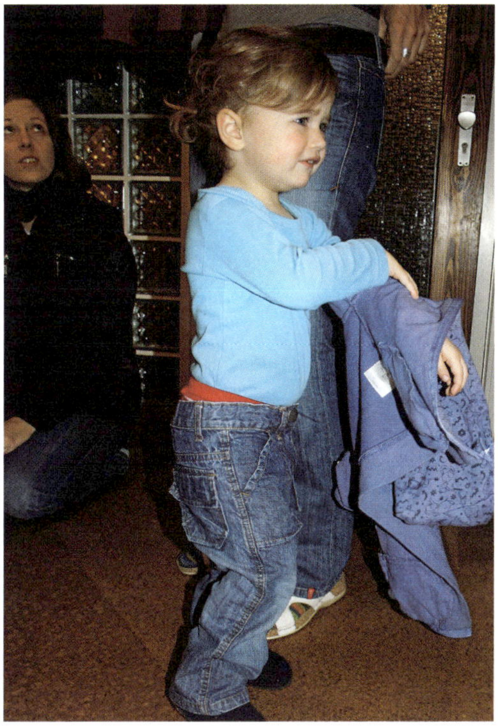

↑ *Magst du, dass ich dir helfe?*

↑ *Nora kann sich schon alleine anziehen!*

↓ *Elias braucht Unterstützung*

↓ *Geschafft! Jetzt kann's rausgehen!*

Pfützen-Spiele

Das wird benötigt:

- ✓ *für jedes Kind Gummistiefel, Regenkleidung*
- ✓ *Zweige, Stöcke, Steine, Sand etc.*
- ✓ *Eimer, Siebe, Becher etc.*

So wird's gemacht:

Der Herbstregen ist eine gute Gelegenheit, um die Spuren und Bewegungen des Regenwassers zu entdecken. Heruntergewehte Blätter, Äste und Zweige oder einfach nur die Pfütze vor der Haustüre laden zum Staunen, Planschen, Spritzen und Beobachten ein. Welche Geräusche sind wahrzunehmen?
Wie hört sich das an, wenn wir mit den Füßen durch die Pfütze gehen, stampfen und springen? Mit Stöcken oder Händen auf die Wasseroberfläche schlagen? Zweige mit Laub durch das Wasser ziehen? Sand und Kieselsteine hineinrieseln lassen oder etwas größere Steine in die Pfütze fallen lassen?

Erstmal mit den Füßen testen, wie das patscht!

Mit Schaufeln und Eimern auf der Suche nach einer tollen Pfütze.

Mit welchen Behältnissen lässt sich das Wasser aus der Pfütze schöpfen? Wie gelangt das Wasser in den Eimer? Lässt sich das Pfützenwasser mit einem Sieb schöpfen?

Herbstflug

Der Herbstwind wirbelt nicht nur das Laub im Freien umher und trägt einzelne Blätter davon. Flugobjekte aus Papier oder anderen leichten Materialien nimmt der Wind mit nach oben, lässt sie flattern, auf und nieder segeln und entlässt sie wieder zur Erde, wenn seine Kraft nachlässt. Mit Hingabe eilen Kinder davonfliegenden Blättern, Papierbögen oder schwebenden Windtüten nach, suchen sie zu greifen, einzufangen und überlassen sie wieder ihrem Flug und versuchen zu ergründen, warum die Flugobjekte plötzlich regungslos auf der Erde liegen bleiben

Schwimmende Kastanien

Das wird benötigt:

- ✓ *Kastanien*
- ✓ *Waschbecken, Waschrinne, Schüssel oder Wasserwanne*
- ✓ *Siebe in verschiedenen Größen*
- ✓ *Löffel, kleine Schöpfkellen, Trichter etc.*

So wird's gemacht:

Kastanien gibt's im Herbst in Hülle und Fülle. Die Kinder sammeln sie auf dem Weg zur Kita oder bei gemeinsamen Ausflügen.

Ganz schön schwer die kleinen Kugeln, aber sie können schwimmen. Drückt man sie unter die Wasseroberfläche, tauchen sie gleich wieder auf, wenn der Druck nachlässt. Wie kleine dicke Fische liegen sie da auf dem Wasser und schaukeln über die Wellen, wenn man das Wasser mit den Händen oder Hilfsmitteln (Löffel, Stöcke etc.) in Bewegung versetzt.

Die Werkzeuge und Kastanien stehen neben der Wasserstelle bereit. Eine Waschrinne ist für das Spiel mit Wasser ideal, aber nicht alle Einrichtungen verfügen darüber. Ein Tisch mit einer Schüssel, eine Wasserwanne oder ein großes Waschbecken erfüllen auch ihren Zweck. Die Kinder sollten allerdings auf dem Boden stehend in das Becken oder die Wanne hineinschauen können. Eine Anleitung brauchen die Kinder für das Experimentieren und Spielen mit den Kastanien nicht. Mit Sicherheit werden die Kastanien im Wasser landen und mit Hilfe der bereitgestellten Werkzeuge wieder herausbefördert, in Behälter gefüllt und wieder zurück ins Wasser geschüttet. Wenn es die Raumtemperatur zulässt, können die Kinder in Windeln spielen. Ist das nicht möglich, schützen Wasserschürzen die Kleidung der Kinder.

Sammeln und ordnen – Strandgut und Fundstücke

Schatzsuche im Herbst

Kinder lieben es, im Herbst Kastanien, Nüsse, Eicheln, Blätter oder Zweige zu sammeln. Objekte werden sortiert: Die Nuss gehört nicht zur Kastanie. Sammelgut wird verglichen: Ein großes Blatt mit Zacken, ein kleines rundes Blatt. Lange Stöcke und kurze Stöcke. Beim Spaziergang oder bei Ausflügen ergeben sich viele Gelegenheiten zum Sammeln und Entdecken von Unterschieden und Gemeinsamkeiten der Dinge. Sie können die Kinder dabei unterstützen, geistige Ordnungskriterien bewusst abzurufen, indem Gegenstände gemeinsam nach Merkmalen betrachtet und geordnet oder zueinander in Beziehung gesetzt werden. Dabei üben sich schon die Kleinsten im praktischen Problemlösen und vollziehen erste „mathematische" Rechenoperationen. Die Blätter in den Korb, die Nüsse in den Eimer. Hier alle roten Blätter, dort alle gelben Blätter. Hier sind viele kleine Stöcke, dort nur wenige große Stöcke.

➔ *Jetzt noch ein paar braune Blätter.*

Naturbad

Das wird benötigt:

- ✓ *Wanne, aufblasbares Planschbecken oder eine Kiste*
- ✓ *große Schüsseln oder Körbe*
- ✓ *kleinere Behälter (Schüsseln, Schaufeln, Löffel zum Befüllen, Schütten, Schöpfen etc.)*

So wird's gemacht:

Nach einem Sammelspaziergang zurück in der Einrichtung entscheiden die Kinder, welche Fundstücke im „Naturbad" landen sollen. Sie schütten die Auswahl (Nüsse, Eicheln, Kastanien oder Blätter etc.) in die Badewanne. Und dann kann das Fühlerlebnis beginnen: Wer mag die Naturmaterialien auf der Haut spüren, sich in ihnen und durch sie hindurch bewegen, danach greifen, sie zwischen den Händen reiben, einsinken oder obenauf liegen bleiben? Da kann man Unterschiede in der Beschaffenheit wahrnehmen, Weichheit oder Rauheit spüren, Farbnuancen und Eigenschaften entdecken. Beim Hantieren mit den verschiedenen Behältern und anderen Hilfsmitteln werden physikalische und mathematische Vorgänge erfahrbar: Ein- und Umfüllen, nach Größen, Farben oder anderen Kriterien sortieren, Gewicht spüren, um nur einige Beispiele zu nennen.

Klang-Suchspiel im Naturbad

Eine Klangkugel oder eine Glocke im Naturbad versteckt, regt den Hörsinn an. Was klingt da, wenn ich mich bewege? Woher kommt dieses Geräusch? Danach graben und wühlen, das Material im Naturbad mit beiden Händen durchforsten und sich freuen, wenn der Schatz in den Händen gehalten wird. Schon die Kleinsten lassen sich auf ein akustisches Suchspiel mit Ausdauer ein.

Laubsauger und Laubblaser

Das wird benötigt:

- ✓ *für jedes Kind einen Strohhalm (großer Durchmesser)*
- ✓ *jede Menge Laubblätter*

So wird's gemacht:

Jedes Kind wählt sich einen Strohhalm aus. Auf dem Boden liegen viele bunte Laubblätter. Die pädagogische Fachkraft bläst durch den Strohhalm und bringt mit der kanalisierten Luft das Blatt in Bewegung. Dann saugt sie das Blatt mit dem Strohhalm an. Sicher werden die Kinder schnell geräuschvolle Puste-, Blas- und Saugversuche unternehmen. Wenn das Ansaugen gut klappt, können die Kinder versuchen, das angesaugte Blatt zu einem anderen Ort oder in einen Behälter zu transportieren.

Materialien erfassen

Eine Sammelstation oder Sortierstraße mit Naturmaterialien in Augen- und Greifhöhe der Kinder lädt dazu ein, immer wieder neue Ordnungsstrukturen herzustellen und die Materialien in ihrer Ganzheit zu erfassen.

Nussschalenturm

Das wird benötigt:

- ✓ *für jedes Kind einige halbe Walnussschalen*

So wird's gemacht:

Nacheinander setzen die Kinder die Walnussschalen mit der offenen Seite auf die geschlossene Seite aufeinander. Wie hoch wird der Turm, bevor er einstürzt?

Rennen und toben – Bewegungsspiele drinnen und draußen

Herbst-Natur-Spiele

Kleine Kinder brauchen viel Platz, um sich zu bewegen, sie haben einen enormen Bewegungsdrang. Können sie dieses Bedürfnis befriedigen, erhalten sie vielfältige Informationen über ihre Umwelt, sie erweitern ihren Erfahrungshorizont, erproben ihre Kräfte und ihre (motorischen) Fähigkeiten und Fertigkeiten. Sie üben sich in Geschicklichkeit und Ausdauer. Daneben ist Bewegung ein effektives Mittel, um Stress abzubauen.

Laubschlacht

Das wird benötigt:

✓ *große Mengen Herbstlaub*

So wird's gemacht:

Das Herbstlaub im Freigelände der Einrichtung wird zu einem großen Haufen zusammengerecht oder zusammengetragen. Dabei helfen alle mit, egal ob mit einem Laubrechen (auch für Kinder im Handel erhältlich), mit Schaufeln, Eimern, Körben oder mit den Händen. Jeder sucht sich seine Art und Weise selbst aus oder experimentiert mit unterschiedlichen Möglichkeiten. Ist ein ordentlicher Laubberg entstanden, geht es los. Sich gegenseitig mit den bunten Blättern beschmeißen, die Blätter in die Luft werfen und sich damit beregnen lassen oder einfach den anderen bei der Laubschlacht zuschauen und das Blätter-Schauspiel bestaunen. Sich im Freien austoben, das feuchte Laub riechen, dem Knacken der trockenen Blätter zwischen den Händen lauschen und sich austoben, bis alle wohlig erschöpft sind. „Nach dem Spiel, ist vor dem Spiel." Erneut werden die Blätter zusammengetragen.

Wir tragen einen Laubhaufen zusammen und alle machen mit.

So viele Blätter …

… kann ich auf einmal in die Luft werfen!

Nussschalenrennen

Das wird benötigt:

- ✓ *für jedes Kind eine halbe Walnussschale und eine Murmel*
- ✓ *für die schiefe Ebene: 1 Brett und eine Kiste*

So wird's gemacht:

Das Brett als schiefe Ebene an der Kistenkante auflegen. Jedes Kind nimmt sich eine Murmel und eine halbe Nussschale. Die Nussschale wird auf die Murmel gesetzt. Die kleinen Nussschalenflitzer auf die obere Brettkante setzen und ab geht die Fahrt. Bleiben die Nussschalen auf der Murmel? Wie weit fahren die kleinen Nussschalenflitzer?

Ästeturm

Das wird benötigt:

- ✓ *herumliegende Äste und Zweige*

So wird's gemacht:

Kinder sammeln leidenschaftlich gerne Äste und Zweige. Bei einem Waldspaziergang lassen sich die schönsten Prachtstücke finden. Große dünne oder kleine dicke Äste liegen herum. Manche noch mit Laub, die anderen schon nackt. Einige sind leicht zu transportieren, bei manchen braucht man Hilfe, schafft es nur zu zweit oder zu dritt. Ziehen und zerren, schleppen und ächzen oder leichtes Tragen. Die Äste werden zu einem Turm aufeinandergelegt. Wie hoch wird der Turm?

⊕ Auf zum Waldspaziergang!

⊕ Auf Spurensuche.

⊕ Was für ein schönes Stöckchen!

⊕ Das nehme ich mit nach Hause!

Wahrnehmen und gestalten – Aufbruch ins Unerforschte

Ausdrucksformen finden, Spuren hinterlassen

Wenn Kinder mit unterschiedlichsten Materialien Spuren hinterlassen, erleben sie sich als selbstwirksam und sammeln Erfahrungen über die Handhabbarkeit von Dingen im Umgang mit verwendeten „Werkzeugen". Spuren hinterlassen als Klänge, die vergänglich sind, oder Farbspuren, die erhalten bleiben, sich verändern lassen – all dies sind neben der Bewegung und dem gesprochenen Wort wesentliche Ausdrucksformen der Kinder.

Rhythmus und Klang erleben

Wenn es regnet, trommeln die Regentropfen auf dem Regenschirm. Richtig laut kann es werden, wenn ich mit dem Bauklotz gegen den Heizkörper schlage. Es geht aber auch ganz leise … Die Kinder experimentieren mit lauten und leisen Geräuschen, die sie selbst hervorbringen – und sammeln eine Menge flüchtige, aber wichtige Erfahrungen.

Sprechanlässe schaffen

Alle Handlungen der Kinder bieten Sprechanlässe. Dadurch kann der Wortschatz der Kinder sich erweitern. Sprache bezieht sich dabei auf Handlungen, Erfahrungen und eigenes Erleben. Wichtig ist die Sprachkompetenz des Erwachsenen in der Benennung und Beschreibung von Materialien, Werkzeugen und Handlungsabläufen. Sie bereiten das Lernfeld und sind Sprachvorbild.

Regentrommelspiel

Das wird benötigt:

- ✓ *für jedes Kind eine kleine Handtrommel oder Käseschachtel*
- ✓ *eventuell für jedes Kind ein Sitzkissen*

So wird's gemacht:

Wie klingt es, wenn draußen einzelne Tropfen langsam vom Himmel fallen, wenn es tröpfelt, nieselt oder heftige Regenschauer auf das Hausdach prasseln? Mit einem kleinen Handtrommelspiel können die vielen Facetten des Regens nachempfunden werden. Sind keine Handtrommeln vorhanden, einfach mit den Händen auf den Boden, den Stuhl oder die Tischplatte trommeln. Wichtig: Kleine Trommeln einsetzen, damit geräuschempfindliche Kinder nicht erschreckt werden.

Alle Kinder proben mit ihrer Trommel, nach ihrem eigenen Rhythmus und ihrer Spielfreude. Auch andere Gegenstände im Raum können zum Klingen gebracht werden: Regale, Stuhlbeine, Bauklötze etc. Nach ausreichender Erprobung testen die Kinder gemeinsam, wie sich der Regen anhören kann.

Ganz kleine Regentropfen fallen vom Himmel.	Mit einem Finger leicht auf die Handtrommel tippen.
Die Regentropfen werden immer größer.	Mit allen Fingern fester und lauter auf die Trommel tippen.
Es regnet ganz stark.	Lauter werden, fester auf die Trommel schlagen.
Der Regen lässt nach.	Etwas sanfter trommeln.
Kleine Regentropfen fallen vom Himmel.	Mit einem Finger auf die Handtrommel tippen.
Es hat aufgehört zu regnen.	Die Hände ruhen auf dem Trommelfell.

Gestalten, bauen, ausprobieren – mit Herbstlaub

Die Herbststürme und der Frost lassen das Laub von den Bäumen fallen. Der Wind wirbelt die Blätter durch die Gegend und ein wildes Fangen und ein Wettlauf mit den aufgewirbelten Blättern machen großen Spaß. Blätter aufsammeln und auf einen Haufen tragen bietet sich bei so viel Laub an. Der große Laubhaufen ist weich, wenn sich die Kinder hineinfallen lassen. Und wenn man die Blätter mit vollen Händen hochwirft, kann man einen richtigen Blätterregen regnen lassen. Bei diesem Vergnügen wird der Laubhaufen kleiner und kleiner und das Laub zerbröselt. Und das zerbröselte Laub ist ein wunderbares Gestaltungsmaterial.

Brösellaub

Das wird benötigt:

- ✓ *trockenes Laub*
- ✓ *Sandkasten, Sandhaufen, Erde*
- ✓ *Wasserlauf*
- ✓ *Eimer, Wannen, Gießkanne, Becher,*
- ✓ *Pinsel*
- ✓ *Siebe unterschiedlicher Größe*

So wird's gemacht:

Mit einem Laubrechen ziehen die Kinder den Laubhaufen auseinander und füllen das zerbröselte Laub in ihre Sandeimer. In einer Wanne steht Wasser zur Verfügung. Es gibt verschiedene Möglichkeiten, was mit den Laubbröseln geschehen kann. Wasser kann mit Schöpfkellen oder Gießkannen in die kleinen Eimer gefüllt werden oder das Laub wird in eine große Wanne gefüllt. In beiden Fällen können die Kinder beobachten, was mit den Laubbröseln geschieht: Das meiste schwimmt obenauf. Es kann umgerührt, abgeschöpft oder durchgesiebt werden.

Die Laubaktion führt zu immer neuen Unternehmungen. Der Einsatz einer Gießkanne verändert die Situation. Was geschieht mit dem Laub, wenn es in eine Gießkanne gefüllt wird? Kommt es mit dem Wasser aus der Kanne? Kann es aus-

⇧ So viel Laub haben wir schon gesammelt!

↖ Das schütten wir zu einem Laubhaufen zusammen.

⇦ Das Brösellaub kommt in die Sandeimer.

⇩ Und was passiert, wenn Wasser hinzukommt?

gegossen werden? Verstopft es die Tülle oder bleibt es in der Kanne zurück?
All ihre Fragen beantworten sich die Kinder hier bei ihren Versuchen selbst, und aus jedem Versuch kann sich eine neue Frage entwickeln.

Blättermehl

Das wird benötigt:

- ✓ *trockenes Laub*
- ✓ *Kieselsteine*
- ✓ *Stein- oder Plattenbelag als Untergrund zum Zerreiben*
- ✓ *Pappe als Sitzunterlage*
- ✓ *Becher*

Für ein ganz feines Blättermehl suchen sich die Kinder einen Kiesel, um das Material zu zerreiben. Mit den trockenen Blättern setzen sie sich auf einer dicken Pappe (Isolierung gegen die Bodenkälte) auf den asphaltierten Boden. Zwischen den Steinflächen zerreiben sie die Blätter zu immer feinerem Blättermehl. Mit diesem feinen Material können die Kinder malen, kneten, sieben, umfüllen, abpacken oder sie können es in den Wind streuen. (Windrichtung beachten, immer mit dem Wind streuen!)

Und wohin soll das alles führen?

Erwachsene wissen nicht immer, welche Versuche die Kinder anstreben und was sie dabei wissen und untersuchen wollen. Oft sehen sie mit dem Erwachsenenblick vor allem die Auswirkungen: nasse schmutzige Hosen und Jacken oder einen Garten, der die Kategorien manch einer erwachsenen Ordnung infrage stellt, denn der Laubbrei kann auch auf der Wiese ausgeschüttet und verteilt, geknetet und als Laubkugel geworfen oder in der Sandkiste in einer Mulde mit Sand durchmischt werden.

Wenn man die trockenen Blätter mit einem Stein zerreibt …

… dann entsteht Blättermehl.

Stochern, Malen, Schmieren mit Blätterbrei

Das wird benötigt:

- ✓ *Stöcke*
- ✓ *fein geriebene Blätter, Erde, Sand*
- ✓ *Wasser*
- ✓ *Eimer*
- ✓ *kleine Schaufeln oder alte Suppenlöffel*

So wird's gemacht:

Beim Spaziergang durch den Wald oder Park finden die Kinder Stöcke. Die können sie immer gebrauchen. Ein Vorratslager an Stöcken ist zu empfehlen. Beim Malen mit Blätterbrei brauchen sie die Fundstöcke, damit sie den Blätterteig auf der

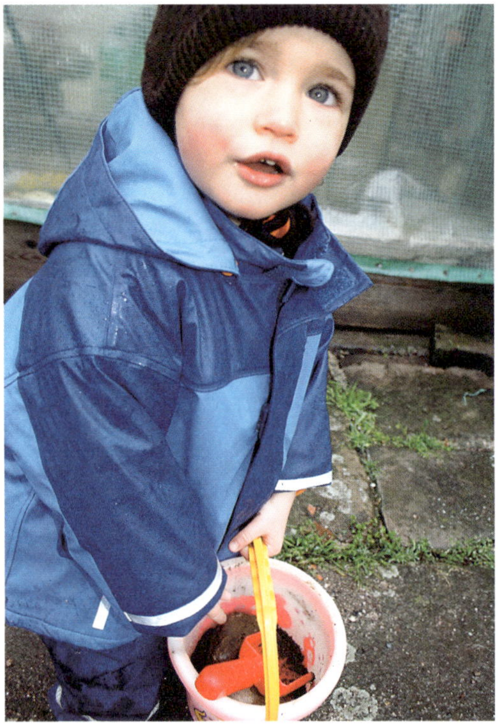

⇧ *Mal schauen, …*

⇧ *… was mit dem Blätterbrei passiert …*

⇩ *… wenn ich Wasser zuschütte …*

⇩ *… und noch mehr Wasser.*

asphaltierten Fläche im Außenbereich verteilen können. Die „Schmotze" kann mit Erde und Sand vermischt werden und natürlich kommt das Experimentieren mit Wasser als eine Erweiterung wesentlicher Erfahrungen dazu. Wasser verändert die Konsistenz erheblich. Je nach Mengenzugabe wird der Brei zähflüssig, schmierig oder dünnflüssig bis wässrig. Er lässt sich dann mit Stöcken oder Pinseln oder mit den Händen auftragen, oder er kann ausgegossen werden und hinterlässt eine Fließspur.

Kugeln, Klümpchen, Blätterteig

Das wird benötigt:

- ✓ *Kleister*
- ✓ *Schneebesen zum Anrühren von Kleister*
- ✓ *kaltes Wasser*
- ✓ *große leere Joghurtbecher oder andere Eimer und Schüsseln*
- ✓ *Schöpfkelle zum Umfüllen*
- ✓ *trockenes Herbstlaub*
- ✓ *Fingerfarbe*
- ✓ *Pinsel*
- ✓ *Karton oder Brett als Unterlage*

So wird's gemacht:

Den Kleister rühren Erwachsene und Kinder gemeinsam an. Das Pulver in kaltes Wasser einrieseln lassen und mit dem Schneebesen rühren. Das erinnert sehr an die Zubereitung von Mahlzeiten, deshalb ist es wichtig den Kindern zu sagen, dass Kleister nicht essbar ist! Es macht großen Spaß, den Kleister anzurühren und dann zu sehen, dass er immer dicker und zäher wird. Um diesen Prozess zu erfahren, brauchen wir Zeit!

Kleisterteig

Der Zusatz von Kleister zu den bisherigen Materialien lässt Modellierverfahren zu. Menge und Konsistenz des Kleisters bestimmen die Materialqualität bei der Verarbeitung und die Härte nach dem Austrocknen. Mit zähem Kleister kann der Blätterteig zum Kneten oder zum Formen von kleinen Kugeln oder Klümpchen verwendet werden. Sie werden dann zum Trocknen und Aushärten auf einem Karton oder Holzbrett ausgelegt und sind Spielmaterial. Die Kinder können nach dem Formen und Trocknen die Blätterteigkugeln in Fingerfarbe rollen oder mit dem Pinsel bunt bemalen.

Sie können den Teig auch in kleine Sandformen drücken und nach dem Trocknen herauslösen. Diese Gestaltungsprozesse sind im Außenbereich oder im Zimmer möglich. Die Kinder legen große Pappstücke auf dem Boden aus. Darauf wird das Material verarbeitet. Pappe saugt Feuchtigkeit auf und ist eine gute Arbeitsunterlage. Auf Plastiktischdecken oder Planen klebt das Material fest und schmiert.

Beim Kneten können die Kinder z. B. feststellen, dass das Material auf der Pappe, auf dem Asphalt oder dem Holzbelag Spuren hinterlässt. Spuren machen ist einfach. Die Kinder reiben die Erdkugeln auf einem Papier ab. Sie brauchen dazu Becher und kleine Stöcke, um das Blätter-/ Erd- /Sandgemisch mit Kleister zu verrühren, um dann mit Pinseln auf Papier zu malen. Bei allen Werkzeugen, die von den Kindern verwendet werden, sind die Hände wichtig und die damit verbundene sinnlich haptische Erfahrung mit dem Material. Kleisterblätterbrei kann angefasst, zerdrückt oder zerrieben werden.

Blätterdruck

Das wird benötigt:

- ✓ *noch feuchtes Laub*
- ✓ *Pinsel und Fingerfarbe (die Farbe sollte dickflüssig sein)*
- ✓ *Papier zum Abdrucken (heller Untergrund / dunklere Farben oder umgekehrt)*
- ✓ *Zeitungspapier*
- ✓ *Trockenplatz – Wäscheleine oder -stapler*

So wird's gemacht:

Im Außengelände einen Korb aufstellen. Die Kinder sammeln Herbstlaub dort hinein. Die Blätter sollten noch feucht sein. Vielleicht fällt den Kindern beim Sammeln auf, dass die Farben der Blätter unterschiedlich sind. Die Vielfarbigkeit des Herbstlaubes ist Anlass, die Blätter bunt zu bemalen – eine Aktion im Innenraum.

Die Kinder bemalen auf einer Zeitungsunterlage am Tisch die Blätter auf einer Seite mit Fingerfarbe und legen dann die bemalte Seite auf ein Blatt Papier. Damit der Abdruck gut gelingt, decken sie das bemalte Blatt mit sauberem Zeitungspapier ab und streichen mit der Hand fest darüber (noch besser funktioniert das mit einem Lappen, der Abdruck wird durch das Anreiben deutlicher). Dabei brauchen die Kinder Unterstützung, damit die Papierschichten nicht zu sehr verrutschen. Die großen Hände der Erwachsenen sind zum Festhalten wunderbar.

Da ist das Blatt ganz gelb.

Die Kinder nehmen zunächst das Zeitungspapier und dann das Blatt vom Untergrund ab und siehe da: ein bunter Blattabdruck wird sichtbar!

Mit der Sprache spielen

Bei allen Handlungen ist die Sprache immer begleitend dabei. Die Handlungen der Kinder bieten Sprechanlässe und Möglichkeiten, miteinander in Beziehung zu treten. Anregungen zum Sprechen ziehen sich also durch alle Bereiche des pädagogischen Alltags in der Kindergruppe. Die sprachliche Begleitung stellt eine Querschnittsaufgabe dar und kann in ihrer Bedeutung nicht hoch genug eingeschätzt werden. Kniereiter, Fingerspiele, Gedichte und Geschichten unterstützen neben der bewussten sprachlichen Gestaltung des Alltags die Sprachentwicklung der Kinder.

In einem kleinen Apfel (Lied/Gedicht)

In einem kleinen Apfel,
da sieht es niedlich aus;
es sind darin fünf Stübchen,
grad wie in einem Haus.

In jedem Stübchen wohnen
zwei Kernchen, braun und klein;
die liegen drin und träumen
vom lieben Sonnenschein.

So ein Schreck! (Lied)

Ach du Schreck, (Lena) ist weg!
Wo ist denn die Lena?
Wo ist denn die Lena?
Da ist sie! Da ist sie!
Schön, dass wir sie haben!
Schön, dass wir sie haben!
Schnell wieder weg, ins Versteck!

Das Lied wird nach der Melodie „Bruder Jakob" gesungen. Ein Tuch über den Kopf des Kindes legen. Die Bezugsperson oder das Kind selbst ziehen das Tuch weg. Tuch erneut über den Kopf legen … Beliebig oft wiederholen.

Häuschen im Herbstwind (Fingerspiel)

Mein Häuschen ist nicht gerade,
ach wie ist das schade!
Mein Häuschen ist ganz krumm
und das ist ziemlich dumm!
Hui! da bläst der Herbstwind hinein
und bauz! fällt das ganze Häuschen ein!

Die Bezugsperson legt beide Hände zu einem spitzgiebligen Haus zusammen. Bei Hui! pustet das Kind hinein – und das Häuschen stürzt ein, d. h. die Hände flach auf den Tisch oder die Oberschenkel legen.

Lustige Herbstgeister (Fingerspiel)

Ich bin das kleine Nebelgespenst, *(Daumen zeigen)*
das du vielleicht noch gar nicht kennst.
Ich bin der Geist vom wilden Wind, *(Zeigefinger heben)*
ich sause um das Haus geschwind.
Wir sind die frechen Schnupfengeister, *(Mittel und Ringfinger zeigen)*
im Schnupfen und Niesen sind wir Meister.
Hatschi!
Ich spiel im Herbstwind mit dem Drachen *(mit dem kleinen Finger wackeln)*
und ich mag Kinder, die gern lachen.

Das ist der Daumen (Fingerspiel)

Das ist der Daumen …
Der schüttelt die Pflaumen …
Der liest sie auf …
Der trägt sie nach Haus …
Und der Klitzekleine isst sie alle auf!

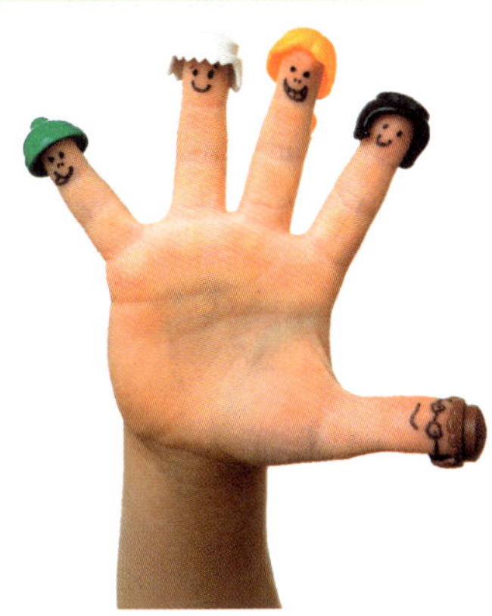

Winter

Im Winter sind die Tage kurz, es wird früh dunkel, draußen ist es kalt, und so rechte Rausgehfreude will nicht immer aufkommen. Aber wenn Schnee fällt und die Landschaft weiß einpudert, beginnen spannende Expeditionen ins Winter-Wunderland: Schlittenfahren (S. 63f.), Eisobjekte herstellen (S. 57f.) oder den Schnee als Maluntergrund benutzen (S. 70f.). Was machen eigentlich die Vögel im Winter? Ein Ausflug zum Vogelhäuschen (S. 46) bietet spannende Einblicke.

Im Winter können die Kinder vielfältige Erfahrungen mit den Elementen sammeln (S. 54f.): mal ist das Wasser flüssig, bleibt es über Nacht draußen, gefriert es. Kleinstkinder verstehen diesen Wechsel des Aggregatzustandes noch nicht, aber sie beobachten und sammeln spielerisch Erfahrungen.

Spiele mit Licht und Schatten ergeben sich oft ganz von selbst (S. 56) und können zu adventlichen Schattenspielen (S. 57) ausgeweitet werden. Winterzeit ist Kerzenzeit – auch die Kleinsten können und sollen den Umgang mit dem Feuer einüben (S. 55). An den Vorbereitungen auf das Weihnachtsfest in der Adventszeit nehmen die Kinder aktiv teil: ob beim Adventskalender-Ritual (S. 50) oder beim Plätzchenbacken (S. 52). Die Advents- und Weihnachtszeit ist ohne Lieder und Glockenklang nicht vorstellbar: wie wär's mit einem Glöckchenkonzert (S. 68), das vielleicht beim Adventskaffee (S. 51) mit den Eltern zur Aufführung kommt?

Winterzeit ist Zeit für Endeckungen – lassen Sie sich einstimmen und gestalten Sie gemeinsam mit den Kindern eine bewegte Vorweihnachtszeit!

Natur als Lebensraum – Die besondere Winter-Aktion

Gefiederte Freunde

Während der dunklen kalten Jahreszeit, wenn die Tage kurz sind und es früh dunkel wird, ist es wichtig, besonders viel Zeit mit den Kindern an der frischen Luft zu verbringen – auch wenn die Unternehmungslust etwas eingeschränkt ist. Der Winter bietet die Möglichkeit für spannende Entdeckungsreisen: Schneeberge anhäufen, mühsam durch den Schnee stapfen, Eiszapfen brechen oder Vögel beobachten, die im Winter bei uns bleiben. Was machen eigentlich die Vögel im Winter? Wo finden sie Futter? Wie halten sie die Kälte aus?

Da hinten ist das Vogelhaus, da gehen wir jetzt hin!

Vögel beobachten

Während der Winterzeit bietet ein Vogelhäuschen die Möglichkeit, die Vögel ganz aus der Nähe zu beobachten.

Das Vogelhäuschen muss ein Dach haben, damit das Vogelfutter nicht nass werden kann, und die Vögel brauchen einen kleinen Sitzplatz, damit sie in Ruhe fressen können. Das Häuschen in genügender Höhe anbringen, sodass Katzen und andere Fressfeinde nicht emporklettern können. Gefüttert wird mit Sonnenblumenkernen, Erdnüssen oder anderen Samen.

Um die Vögel nicht zu verängstigen, sollten sich die Kinder sehr vorsichtig dem Häuschen nähern, um die Tiere nicht zu erschrecken.

Diese Vögel können unter anderen im Winter beobachtet werden: Krähen, Amseln, Buchfink, Meisen, Kleiber, Rotkehlchen.

Meisenknödel selbst gemacht

Das wird benötigt:

- ✓ *250 g gehärtetes Pflanzenfett*
- ✓ *je 170 g Haferflocken, Weizenschrot, gehackte Nüsse, Pflanzensamen und gehackte Rosinen*
- ✓ *Mörser (zum Zerkleinern der Nüsse)*
- ✓ *Schalen*
- ✓ *Topf*
- ✓ *Waage*

So wird's gemacht:

Die Kinder zerkleinern die Nüsse, wiegen die Zutaten ab und mischen die Körner. Fünf Esslöffel der Körnermischung beiseite stellen.

Das Erhitzen des Pflanzenfetts übernimmt die Fachkraft. Das Pflanzenfett in einem Topf zerlassen, den Topf von der Kochplatte nehmen und die Körnermischung unterrühren. Die Masse an einem Ort abkühlen lassen, der für die Kinder nicht zugänglich ist.

Wenn das Fett fest zu werden beginnt, formen die Kinder mit angefeuchteten Händen Kugeln. Mit einer Polsternadel zieht die Fachkraft eine Schnur durch die Mitte. Die restliche Körnermischung streuen die Kinder auf Packpapier aus und wälzen die Kugeln darin. An der eingezogenen Schnur können die selbst gemachten Meisenknödel im Freien aufgehängt werden.

Drinnen vertiefen

Bilder der Vögel, die die Kinder draußen beobachtet haben, unterstützen und vertiefen ihre Eindrücke. Dazu Fotos in Din-A4-Größe ausdrucken und einlaminieren. Nun können alle gemeinsam die Bilder betrachten und beschreiben, was den Vogel ausmacht und wodurch er sich von anderen beobachteten Vögeln unterscheidet.

Ist das so ein Vogel, wie wir ihn draußen gesehen haben?

Special: Sinnesreise durch die Vorweihnachtszeit

Advent erleben

Die Kleinsten haben zwar noch keine Vorstellung davon, was diese stimmungsvolle Zeit bedeutet, worauf sich alle vorbereiten und warum und auf was die Größeren warten, aber sie können doch in die Vorbereitungen auf das Weihnachtsfest in der Adventszeit einbezogen werden. Das Bedürfnis nach sinnlichen Erfahrungen und Teilhabe gehört zum Kindsein von Anfang an. Darüber hinaus bietet die Vorweihnachtszeit eine Fülle von Erfahrungsmöglichkeiten, auch im Hinblick auf Fragen nach Raum, Zeit, Kausalität und Zahl: Da ist der Adventskalender, an dem jeden Tag ein Türchen geöffnet wird, da gibt es gemeinsame Backaktionen, bei denen die Kinder die Abfolge von Handlungen erleben: erst dies tun, dann das und dann das … und dann gibt es noch ganz besondere, überraschende Tage, wie den Nikolaustag, wo man etwas geschenkt bekommt!

Sind die Erlebnisse in der Vorweihnachtszeit mit Freude, Genuss, Staunen und Vergnügen verbunden, bilden sie die Ausgangsbasis für positive Lernerfahrungen. Lassen Sie sich inspirieren und begleiten Sie die Kinder auf einer kleinen Sinnesreise durch die Vorweihnachtszeit. Planen Sie ausreichend Zeit für die Adventsaktivitäten ein, damit aus der stimmungsvollen Idee kein Stress für Sie entsteht: Anders als bei den meisten anderen in diesem Buch vorgestellten Aktivitäten sind hier ausnahmsweise relativ aufwendige Vorbereitungen nötig.

Adventskalender-Ritual

Das wird benötigt:

✓ *ein selbst hergestellter Adventskalender*

Das Warten auf das Weihnachtsfest und die Vorbereitungen dafür werden durch den Adventskalender für die Kinder nachvollziehbar. Jeden Tag öffnet ein anderes Kind ein Türchen, um das Besondere für diesen Tag dem Kalender zu entnehmen.

Den Adventskalender stellt die Fachkraft her, wobei sie in 24 Behältnisse (das können Socken oder Streichholzschachteln sein), jeweils eine an den kindlichen Interessen orientierte Aktivität notiert, schriftlich oder visualisiert durch Bildmaterial. Der Fantasie und Kreativität sind hier keine Grenzen gesetzt, lassen Sie sich von den Interessen der Kinder und Ihrer eigenen Freude an den Besonderheiten der Vorweihnachtszeit inspirieren. Die 24 Behältnisse werden mit Zahlen von 1 bis 24 versehen, darüber hinaus mit dem Namen/und oder Foto eines Kindes aus der Gruppe.

So wird's gemacht:

Zu einem festen Zeitpunkt treffen sich die Kinder beim Adventskalender. Eine Kerze, ein Adventskranz, schöne Zweige, Engelshaar, Räuchermännchen, eine Weihnachtspyramide oder ein anderer weihnachtlicher Gegenstand dienen als Symbol für das tägliche Zusammensein und setzen Akzente. Mit einem weihnachtlichen Lied, einem Vers oder einer Geschichte können sich die Kinder auf das Folgende einstimmen. Sind die Behältnisse mit einem Foto der Kinder beklebt, kann jedes Kind selbst erkennen, wer gerade den Adventskalender öffnen darf.

In den Behältnissen verbergen sich Fingerspiele, Lieder, Verse, kleine Geschichten und verschiedene Aktivitäten, auf schönem Papier niedergeschrieben oder durch Fotos, Bilder oder einzelne Originale anschaulich dargestellt.

Der Kalender visualisiert den Verlauf der Zeit, strukturiert die Zeit des Wartens, und die Inhalte stimmen auf die Weihnachtszeit ein. Gestalten Sie einen aktiven Adventskalender, der Vorfreude auf das bevorstehende Ereignis weckt und ein Gefühl von Wärme und Geborgenheit in der Gemeinschaft schafft. Einige Aktivitäten können bereits auf den Adventskaffee abzielen, siehe rechts.

6. Dezember: Nikolaustag – Was steckt in der Socke?

Das wird benötigt:

- ✓ *für jedes Kind eine mit dem Namen versehene Socke*
- ✓ *Obst, Plätzchen, Nüsse, ein schöner Stein*

So wird's gemacht:

Lassen Sie sich von den Eltern mit Namen versehene Socken ihrer Kinder von zu Hause mitbringen und füllen Sie diese mit Obst, selbst gebackenen Plätzchen und Nüssen (klären Sie im Vorfeld eventuelle Allergien der Kinder ab).
Die Socken können an einer gespannten Leine mit Wäscheklammern aufgehängt oder in einem großen Sack oder Korb im Gruppenraum platziert werden.

Am Nikolaustag darf jedes Kind ganz vorsichtig seine Socke befühlen, den Inhalt ertasten und raten, was sich in der Socke wohl finden lässt. Die Kinder werden ihre Freude haben, wenn sie gemeinsam die gebackenen Plätzchen verzehren, die Walnüsse knacken und sich die Mandarinen schmecken lassen.

Kinderpunsch und Kerzenlicht – Einladung zum Adventskaffee

Wie wär's mit einem stimmungsvollen Adventskaffee mit Selbstgebackenem, Kinderpunsch und Kerzenlicht (mit oder ohne Eltern)? Bei den Vorbereitungen erleben sich die Kinder als Teil einer Gemeinschaft und nehmen wahr, dass sie zum Gelingen beitragen. Vielleicht sind einige vorbereitende Aktivitäten wie das Einkaufen bereits als Aufgaben im Adventskalender (siehe links) verteilt?

Gar nicht so einfach, die Sterne herauszukriegen.

Aber mit ein wenig Hilfe geht's.

Weihnachtsgebäck

Das wird benötigt:

- ✓ *12 Eier*
- ✓ *1 kg Butter*
- ✓ *1 kg Zucker*
- ✓ *2,5 kg Mehl*
- ✓ *10 Päckchen Vanillezucker*
- ✓ *Küchenwaage*
- ✓ *für jedes Kind eine Schürze, einen Koch- oder Teiglöffel*
- ✓ *Schaufeln für Zucker und Mehl*
- ✓ *Wellhölzer in verschiedenen Größen*
- ✓ *große Teigschüssel*

So wird's gemacht:

Alle Zutaten wiegen oder zählen und in die Teigschüssel füllen. Gemeinsam mit Kochlöffeln, Teiglöffeln und Händen die Zutaten vermischen und verkneten. Dann muss der Teig einen Tag im Kühlschrank ruhen.

Am nächsten Tag können die Kinder den Teig mit Wellhölzern auswalzen und mit Formen ausstechen. Blech für Blech wird bei etwa 180 Grad jeweils 12 Minuten abgebacken.

Plätzchenbacken

Teig kneten, ausstechen und mit allerlei Kleinigkeiten verzieren, den Duft aus dem Ofen riechen – Plätzchenbacken ist für die meisten Kinder ein spannendes Ereignis. Die Kinder sammeln Erfahrungen beim Messen und Wiegen der Zutaten, sie haben sinnliche Erlebnisse beim Kneten und können lustvoll den Teig nach eigenen Wünschen oder mit weihnachtlichen Ausstechformen verändern.

Kinderpunsch

Zum Weihnachtsgebäck schmeckt ein leckerer Punsch, selbstverständlich selbst zubereitet.

Das wird benötigt:

- ✓ *1 Liter Traubensaft*
- ✓ *100 g Honig*
- ✓ *1 Päckchen Vanillezucker*
- ✓ *3 Gewürznelken*
- ✓ *½ Zimtstange*
- ✓ *Schale von je einer halben unbehandelten Zitrone und Orange*

So wird's gemacht:

Den Traubensaft in einen Kochtopf gießen. Honig, Vanillezucker, Gewürze und Fruchtschalen hinzufügen. Heiß werden lassen, nicht kochen, und in Gläser füllen.

→ *Ich heiße Nora, und wie heißt du?*

Feuer, Wasser, Licht und Schatten – mit allen Sinnen erleben

Elementare Erfahrungen mit den Elementen

Kleinstkinder brauchen geeignete Innen- und Außenräume sowie genügend und geeignetes Material, das der Erwachsene bietet, um vielfältige Lernerfahrungen sammeln zu können. Erweitern Sie den Erfahrungsraum für die Kinder, indem sie ihnen Zugang zu den Elementen Feuer und Wasser verschaffen!

Die winterliche Adventszeit ist auch Kerzenzeit. Schon die Jüngsten sind fasziniert von der kleinen flackernden Flamme. Eine Kerzenflamme ist heiß und kann durch Pusten gelöscht werden. Das probieren die Kinder selbst aus – unter Aufsicht der Erwachsenen. Nur durch eigenes Tun lernen sie den richtigen und sorgsamen Umgang mit dem Feuer.

Selbst die kleinste Kerze spendet Licht. Löscht man die einzige brennende Kerze im Raum, wird es ganz dunkel. Hell und dunkel, Licht und Schatten – das sind einfache und leicht erfahrbare Gegensatzpaare. Spiele mit Licht und Schatten entstehen in der dunklen Jahreszeit oft ganz spontan und können zu intensiven Beobachtungen oder fantasievollen Bewegungsspielen führen.

Sinkt die Außentemperatur unter Null Grad Celsius, wird Wasser zu Eis. Das flüssige Element wird fest – der Aggregatzustand des Wassers verändert sich. Das können die Kinder nicht so benennen, aber sie können in der Natur diese faszinierende Erfahrung machen.

→ *Wie schmeckt der Schnee?*

Kerze anzünden und auspusten

Das wird benötigt:

- ✓ *extra lange Streichhölzer*
- ✓ *Kerzen*
- ✓ *Windlicht*
- ✓ *Schale mit Wasser*

So wird's gemacht:

Es könnte zum täglichen Ritual werden, das Kerzenanzünden in der Advents- und Weihnachtszeit.

Ein Streichholz zischt beim Anzünden, der Kerzendocht übernimmt die Flamme und hält sie. Das Streichholz kann ausgepustet oder zum Löschen in eine kleine mit Wasser gefüllte Schüssel getaucht werden. In der Dunkelheit leuchtet eine kleine Kerze ganz hell. Das offene Licht flackert, die Flamme reagiert auf einen kleinen Luftzug. Pustet man kräftig, geht die Flamme aus. Manchmal steigt nach dem Auspusten Rauch auf, die kleine Qualmspur löst sich bald wieder auf.

Anzünden und Auspusten sind Vorgänge, die Kinder mit großer Freude immer und immer wieder wiederholen. Die Kinder beobachten dabei Flamme und Qualm, sie betrachten die Abläufe, denken darüber nach, was sie sehen, und irgendwann stellen sie Fragen, um Antworten zu finden. Das ist der Weg, auf dem Kinder dem Element Feuer auf die Spur kommen. Dieser Weg beginnt mit der Möglichkeit, die Sache kennenzulernen.

Messer, Gabel, Schere, Licht – Warum denn nicht?

Natürlich sollten Kinder mit Kerzen und Streichhölzern nur unter Aufsicht der Erwachsenen umgehen. Kerzen zur Beleuchtung in der Adventszeit in ein Windlicht stellen, damit nichts entzündet werden kann und sich die Kinder nicht verbrennen können. Kerzen beim Verlassen des Raumes immer löschen.

Einfaches Schattenspiel

Das wird benötigt:

- ✓ *eine freie Wandfläche*
- ✓ *Kochlöffel, Pinsel, Rührbesen etc.*

So wird's gemacht:

Die Sonne steht tief und leuchtet kurze Zeit ins Zimmer. Die tief stehende Sonne lässt im Raum Schattenbilder entstehen, die von den Kindern spontan aufgenommen werden. Sie hüpfen und zappeln und sehen die Bewegung an einer leeren Wandfläche. Dieses Lichtspiel ist ein Impuls, der zum Spiel mit Licht und Schatten führen kann. Die pädagogische Fachkraft entwickelt ein Bewegungsspiel mit den Kindern: alle halten Hände und Arme hoch und seitlich, zappeln mit den Fingern oder bewegen einfach nur abwechselnd Arme und Kopf – und der Schatten macht alles mit. Spannend wird's, wenn jeder einen leichten Gegenstand in die Hand nimmt und sich bewegt. Vielleicht erfinden Sie eine kleine Melodie zu diesem einfachen Schattentheater.

Schattentheater mit Alltagsgegenständen

Das wird benötigt:

- ✓ *Tageslichtprojektor*
- ✓ *flache Objekte (z. B. Büroklammern, Zahnräder, Vogelfedern …)*

So wird's gemacht:

Die Kinder legen die Gegenstände nacheinander lose auf die beleuchtete Fläche des Tageslichtprojektors. Je nach Entfernung zwischen Projektionsfläche und Wand erscheinen die Objekte größer oder kleiner. Experimentieren Sie mit den Kindern durch Hinzufügen von kleinen Papierfetzen, wie sich das Objekt verändert. So kann eine Feder ganz einfach zum Federtier werden: Papierschnipsel als Augen, Mund und Ohren anlegen. Das Fantasiefedertier gibt der pädagogischen Fachkraft

Schatten-Figurentheater

Die Alternative zum Overheadprojektor ist ein „echtes" kleines Schattentheater: Einen Bilderrahmen mit weißem, lichtdurchlässigem Papier bekleben und mit einer kleinen Tischleuchte hinterleuchten.

Aus Pappe Figuren herstellen, oder auch Alltagsgegenstände auswählen (z. B. eine Feder), und einen Schaschlikspieß mit Klebeband ankleben. Beim Einschalten des Lichtes erscheint ein Schattenriss auf der Vorderseite des Papiers und das kleine Theaterstück für Lieder oder kleine Geschichten kann seinen Lauf nehmen.

Auf diese Weise können Sie in die Jahreszeit passende Geschichten (z. B. St. Martin) als Schattentheater inszenieren und für die Kinder spielen. Wiederholen Sie die Aufführungen mehrfach – z. B. täglich vor der Abholzeit.

Eisobjekte

viel Freiraum fürs Geschichtenerfinden!

Das wird benötigt:

- ✓ *Wasser in Gießkannen*
- ✓ *Kunststoffbehältnisse (Eimer, Sandförmchen, Schüsseln, Teller etc.)*
- ✓ *Schnur*
- ✓ *kleine Gegenstände (z. B. Schnuller, Muggelsteine, Spielfiguren, Steine, Halme etc.)*

So wird's gemacht:

Die Kinder füllen im Waschraum Gießkannen mit Wasser. Im Freien sind verschiedene Behältnisse aufgestellt, die sie mit Wasser füllen. Manchmal wird so

↖ Wasser einfüllen und warten – bis das Wasser gefroren ist.

↑ Drinnen geht's weiter: Wenn ich Wasser über die Förmchen laufen lasse …

← … dann kann ich die Eiswürfelgeheimnisse …

↓ … ganz allein entdecken.

lange gegossen, bis die Kanne leer ist, aber das macht nichts, was zu viel ist läuft über. Die mit Wasser gefüllten Formen bleiben draußen stehen, und dann heißt es abwarten, bis das Wasser gefroren ist – das kann je nach Temperatur unterschiedlich lange dauern.

Die Kinder sammeln die gefrorenen Objekte ein und bringen sie in den Waschraum. Die Rückseite der Formen wird dann kurz unter warmes fließendes Wasser gehalten. Was passiert? Die Eisform löst sich und fällt in die Hand des Kindes oder in die Waschrinne. Die Kinder beobachten, wie die Eisobjekte schmelzen. Dazu können sie in der Waschrinne Wasser darüberlaufen lassen oder die Formen auf einen Teller legen und im Gruppenraum aufstellen.

Beim Spiel mit dem Eis gibt es kalte Hände. Das kann wehtun. Die Fachkraft achtet darauf und ist bei den Kindern, um die kalten Hände zu wärmen oder auch, um den Kindern Handschuhe anzuziehen.

Eiswürfelgeheimnisse

Das wird benötigt:

- ✓ *Schnur*
- ✓ *kleine Gegenstände (Schnuller, Muggelsteine, Spielfiguren, Steine etc.)*
- ✓ *Plastikbehälter (z. B. Joghurtbecher)*
- ✓ *Wasser*
- ✓ *Petflasche*

So wird's gemacht:

Die Aktion findet im Außenbereich statt. Die Kinder füllen die Behältnisse mit Wasser (statt Gießkanne eine Petflasche zum Füllen verwenden) und legen in jeden Behälter ein kleines Objekt. Ein Stück Schnur wird so ins Wasser getaucht, dass ein Ende im Wasser und das andere außerhalb ist. Wieder heißt es warten, bis die Objekte gefrieren.

Ist das Wasser gefroren, lösen die Kinder die Eiswürfelgeheimnisse aus der Form. Das eingeschlossene Objekt ist sichtbar und kann an der Schnur im „Eismantel" draußen aufgehängt werden. Oder die Kinder beobachten im Innenbereich, wie das Eis schmilzt und wie sich der Gegenstand aus dem „Eismantel" herauslöst. Lässt man warmes Wasser über die Objekte laufen oder stellt sie in der Nähe einer Wärmequelle auf, wird der Vorgang beschleunigt.

Eis-Adventskalender

Das wird benötigt:

- ✓ *Schnur*
- ✓ *kleine Naturobjekte (Blüten, Blätter, Halme, Früchte ...)*
- ✓ *kleine Behälter in Sternform (Sandförmchen)*
- ✓ *Wasser*
- ✓ *Petflasche*

So wird' gemacht:

Die Kinder füllen die Sternförmchen mit Wasser und legen jeweils ein kleines Naturobjekt hinein. Ein Stück Schnur wird so ins Wasser getaucht, dass ein Ende im Wasser und das andere außerhalb ist. Nach dem Gefrieren des Wassers wird die Form wie oben beschrieben herausgelöst. Nun hängen die Kinder ihre Stern-Eisobjekte an einem Strauch im Freien auf. Vom 1. bis 24. Dezember wird täglich ein Stern abgehängt und gemeinsam aufgetaut.

Was wohl mit den Stöckchen passieren wird, wenn sie über Nacht draußen bleiben?

Sammeln und ordnen – Strandgut und Fundstücke

Es knistert und raschelt in der Dose

Sammeln Sie mit den Kindern weihnachtlich bunte und schillernde Papiere, Bänder, Schleifen und Weihnachtsschmuck. Aufbewahrt in unterschiedlichen Behältnissen, wie glatten Blechdosen und solchen mit Prägung, Pappschachteln oder Gläsern, wird diese bunte Vielfalt zu einem Schatz für die Kinder. Die Behältnisse fühlen sich warm und kalt, hart und weich an, sie sind mit Motiven verziert, durchsichtig, rund oder eckig. Was ist zu sehen, was zu spüren? Wie fühlt sich das mit geschlossenen Augen an? Was haben die Motive zu bedeuten? Was verbirgt sich in der Schachtel? Die Kinder können die Schätze ausräumen, mit ihnen knistern, sie in der Hand spüren, ihre Buntheit und das Schillern des Glanzpapiers betrachten, Gegenstände einwickeln, verschnüren und wieder auspacken. Neben den taktilen und visuellen Erfahrungen, kann im Spiel mit Behältern und Objekten geordnet, sortiert und klassifiziert werden.

Kunterbunter Raumschmuck

Das wird benötigt:

- ✓ *bunte, glänzende Papiere aus der Sammlung*
- ✓ *Schachteln, Dosen, Gläser*
- ✓ *Bänder, Schleifen, Bordüren, Applikationen etc.*

So wird's gemacht:

Jedes Kind wählt ein Objekt aus der Sammlung aus. Gemeinsam suchen anschließend alle Kinder gemeinsam einen Ort im Raum aus, um ihn mit den Bändern, Schleifen, Papieren, Kugeln zu schmücken. Nun sieht der Raum ganz anders aus! Es macht den Kindern Spaß, diese räumliche Veränderung zu erleben. Wie bei allen

Aktivitäten steht hier nicht das Endprodukt aus Sicht der erwachsenen Ästhetik im Vordergrund, sondern das gemeinsame Erleben und die Freude an der individuellen Entscheidung.

Gegenstände einpacken und erraten

Das wird benötigt:

- ✓ *Papiere aus der Sammlung, aber auch Servietten, Zeitungspapier, Stofftücher, Tischdecken, Leintücher etc.*
- ✓ *Pack- und Geschenkband, Bänder, Wolle, Kreppklebeband etc.*
- ✓ *Alltagsgegenstände zum Verpacken*

So wird's gemacht:

Die Kinder suchen sich ihre Verpackungsgegenstände und das Verpackungsmaterial selbst aus. Sie verpacken und umhüllen, verschnüren und umwickeln ihre Objekte gemeinsam oder alleine. Ist alles gut verpackt, werden die „Päckchen" und „Pakete" befühlt, betastet, gehoben und berochen. Wer kann sagen, was sich unter der Verpackung verbirgt?

Auch Einrichtungsgegenstände wie Waschbecken, Stühle, Schränke, Kisten, Tische können so verhüllt werden.

Gut verhüllt – à la Christo verpackt

Verpacktes hat immer einen ganz besonderen Reiz. Ob mit Folien, Leintüchern oder Papier umhüllt – es weckt die Neugierde darauf, was sich wohl unter der Ummantelung verbirgt. Die Kleinsten verpacken und umwickeln mit größtem Vergnügen alle möglichen Gegenstände oder sich selbst in Tücher, Decken, Handtücher. Sie lassen Objekte in Tüten und Taschen verschwinden oder umhüllen Stühle und Tische im Raum.

Rennen und toben – Bewegungsspiele drinnen und draußen

Auf in den Schnee!

Mit dem Körper und über die Bewegung unter Einsatz aller Sinne setzen sich Kinder mit ihrer Umwelt auseinander. Sie lernen sich nach und nach besser einzuschätzen und entwickeln ein angemessenes Vertrauen in ihre motorischen Fähigkeiten. Um vielfältige Erfahrungen mit ihrem Körper und mit allen Sinnen zu sammeln, brauchen Kinder umfassende Gelegenheiten, vielfältige Räume und Erwachsene, die Zutrauen in die Kompetenzen der Kinder haben. Beim Klettern, Rennen, Rutschen, Kriechen, Krabbeln und Hüpfen lernen die Kinder ihre Bewegungen zu steuern und zu kontrollieren. Dabei entwickeln sie auch ihre kognitiven und sozialen Fähigkeiten weiter.

Rutschvergnügen mit Rutschhose

Das wird benötigt:

- ✓ *große robuste Plastiktüten (Landwirtschafts- oder Gartenbedarf)*
- ✓ *Scheren*
- ✓ *Bindeband*

So wird's gemacht:

Schneiden Sie an der geschlossenen Seite der Tüte in den Ecken je eine Öffnung, durch die die Kinder ihre Beine stecken können. Ziehen Sie den Kindern die Tüte wie eine Hose an und binden Sie die Tüte mit einem breiten Bindeband über dem Schneeanzug um den Bauch der Kinder fest.

Und dann geht's auf ins Rutschvergnügen. Mit der „Rutschhose" kann man nämlich auf dem Hosenboden prima den kleinsten Hügel hinunterrutschen. Bei dieser Form des Rutschens können die Kinder nicht vom Schlitten oder Bob herunterfallen. Sie spüren den Schnee unter sich und können unmittelbar erleben, wie schön es ist, über den Schnee zu sausen.

Plastiktütenschlitten

Das wird benötigt:

- ✓ *robuste große Plastiktüte*
- ✓ *Styroporverpackungsschnipsel*
- ✓ *Kreppklebeband*

So wird's gemacht:

Füllen Sie mit den Kindern eine große Plastiktüte halb voll mit Styroporverpackungsresten. Das wird die Sitzfläche des selbst gebauten Schlittens. Verschließen Sie die Tüte in der Mitte mit einem Kreppklebeband.

Und los geht's! Beim Rutschen setzten sich die Kinder auf die gepolsterte Sitzfläche und halten den nicht gefüllten Tütenhals zwischen die Beine geklemmt fest. Einfach losrutschen! Ob im Park oder im Kita-Außengelände – es findet sich bestimmt ein kleines Hügelchen, das die Kinder immer wieder selbst erklimmen können.

Schlittenfahrt im Haus

Das wird benötigt:

- ✓ *für jedes Kind ein Kissen oder Putzlappen*
- ✓ *Decken*

So wird's gemacht:

Schlittenfahren ist nicht nur draußen im Schnee möglich. Mit wenigen Hilfsmitteln lässt es sich auch in den Innenräumen wunderbar rutschen, schlittern, ziehen und schieben. Jedes Kind setzt sich auf ein Kissen oder einen Putzlappen und los geht's. Wie kann man sich am besten auf diese Weise vorwärts oder rückwärts bewegen?

Auf einer Decke haben mehrere Kinder Platz. Und nun? In welche Richtung soll es gehen? Wie koordinieren wir uns? Wer gibt das Kommando an? Das stellt neue Anforderungen an die Kinder. Zwischendurch kann auch die Fachkraft mal die Kinder auf der Decke über den Boden ziehen.

Schneeballschlacht

Das wird benötigt:

- ✓ *Zeitungspapier*
- ✓ *ein großer Karton oder Eimer*

So wird's gemacht:

Eine Schneeballschlacht muss nicht immer draußen stattfinden. Drinnen ist es viel ungefährlicher und es geht ganz einfach: Gemeinsam mit den Kindern aus dem Zeitungspapier Schneebälle zusammenknüllen und versuchen, die Schneebälle in den Karton bzw. Eimer zu werfen.

Schneeflocken fangen

Das wird benötigt:

- ✓ *weißes T-Shirt*
- ✓ *Decke oder Matte*

So wird's gemacht:

Ein Kind zieht das weiße T-Shirt an, es ist der Schneemann oder die Schneefrau. Alle anderen Kinder sind die Schneeflocken und tanzen durch den Raum. Schneemann/Schneefrau versucht, die Schneeflocken zu fangen. Wurde ein Kind berührt, darf es sich auf die Decke/Matte setzen. Sind alle Schneeflocken eingefangen, übernimmt ein anderes Kind die Schneemann-/Schneefraurolle.

Wahrnehmen und gestalten – Aufbruch ins Unerforschte

Winterzeit – Zeit für Entdeckungen

Der Winter bietet Raum und Gelegenheit für eine Vielzahl von Gestaltungsaktivitäten. Wichtig ist, dass sie den Raum öffnen für autonome Entdeckungen und für die Auseinandersetzung mit Widersprüchen. Nur so können die Kinder Problemlösungsstrategien entwickeln und die Wirksamkeit ihres Handelns erleben. Für Fachkräfte bedeutet das, sich zurückzunehmen, ergebnisoffen in Aktivitäten und Angebote einzusteigen, Lösungen nicht vorwegzunehmen und Lösungsvielfalt zuzulassen. Das oberste Prinzip ist, etwas vereinfacht auf den Punkt gebracht: Mit den Kindern arbeiten, nicht für die Kinder basteln!

Rhythmus und Klang erleben

Die Advents- und Weihnachtszeit ist ohne Lieder und Glockenklang kaum vorstellbar. Weihnachtslieder wie „Schneeglöckchen Weißröckchen", „Oh Tannenbaum" oder „Kling Glöckchen Kling" eignen sich auch schon für die ganz Kleinen. Glocken gehören zur Weihnachtszeit und Kinder lieben die hellen und klar klingenden Töne. Erkunden Sie mit den Kindern doch einmal die Welt der Glockenklänge, spüren Sie gemeinsam den Tönen nach oder erleben Sie gemeinsam mit den Kindern die Faszination beim Experimentieren mit vibrierenden Klangkugeln.

Kling, Glöckchen, klingeling

Das wird benötigt:

- ✓ *unterschiedlich große Glöckchen, in nicht verschluckbarer Größe, mit einem Ring*
- ✓ *verschiedene Bänder*
- ✓ *selbstklebendes Klettband*

So wird's gemacht:

Die Bänder schneiden Sie in entsprechend lange Stücke, sodass sie ca. 2 cm überlappend locker um das Hand- oder Fußgelenk der Kinder passen. Jedes Kind sucht sich ein Band und eine Glocke aus. Die Glocken fädeln die Kinder selbst auf das Band. Für das Anbringen der Klettverschlüsse ist die Hilfe der Erwachsenen gefragt. Das Lied „Kling Glöckchen Kling“ oder eine Geschichte kann nun von einem Glöckchenkonzert begleitet werden.

Diese Töne mag ich sehr!

Gestalten, bauen, ausprobieren

Wenn es im Winter so richtig kalt ist, Schnee die ganze Welt mit weißer Pracht eingehüllt hat, dann steht dem winterlichen Gestaltungsvergnügen nichts im Wege. Denn es gibt kein besseres Baumaterial als den Schnee, der wie im Sommer der Sand gestaltet werden kann. Jeder Schritt im Schnee hinterlässt eine Spur – wie eine Leinwand kann er auch als Malgrundlage genutzt werden.

Schneespiele

Das wird gebraucht:

- ✓ Eimer, Schaufeln
- ✓ Schubkarre

So wird's gemacht:

Ein wunderbares Baumaterial ist der Schnee. Er kann wie Sand in Eimer gefüllt und transportiert, mit Schaufeln verteilt und aufgehäuft, in Schubkarren gefüllt zu großen Bergen zusammengetragen werden. Er kann verdichtet, verformt und geformt werden. Klassische Bauobjekte sind Schneemann, Schneeberg, oder Schneekuhle. Gemeinsam an einem Schneemann zu arbeiten macht Kindern und Erwachsenen großen Spaß. Zur Nikolauszeit kann der Schneemann auch mit einer roten Mütze und einem Sack ausgestattet werden.

Was im Sommer mit Sand möglich ist …

… geht auch im Winter mit Schnee!

Farbspuren im Schnee

Das wird benötigt:

- ✓ *Fingerfarbe*
- ✓ *Wasser*
- ✓ *leere, sehr kleine Spülmittelflasche*

So wird's gemacht:

Füllen Sie mit den Kindern ca. 1 cm hoch Fingerfarbe in eine Spül- oder Shampooflasche. Markieren Sie mit einem dicken Faserstiftstrich, wie hoch die Farbe eingefüllt werden soll – die Kinder können dann leichter die nötige Menge abschätzen. Die Flasche anschließend mit Wasser auffüllen und kräftig schütteln! Die Flaschen nach unten halten, und durch leichtes Drücken kommt die Farbflüssigkeit zum Fließen. Jeder kann nun im Schnee bunte Spuren hinterlassen!

Da kommt ja gar nichts raus!

Ach, man muss ein bisschen drücken!

Ⓐ *Spuren machen macht Spaß!*

Ⓐ *Man kann auch Spuren auf dem Schuh hinterlassen.*

Ⓥ *Aber auf dem weißen Schnee sehen die Spuren besonders toll aus!*

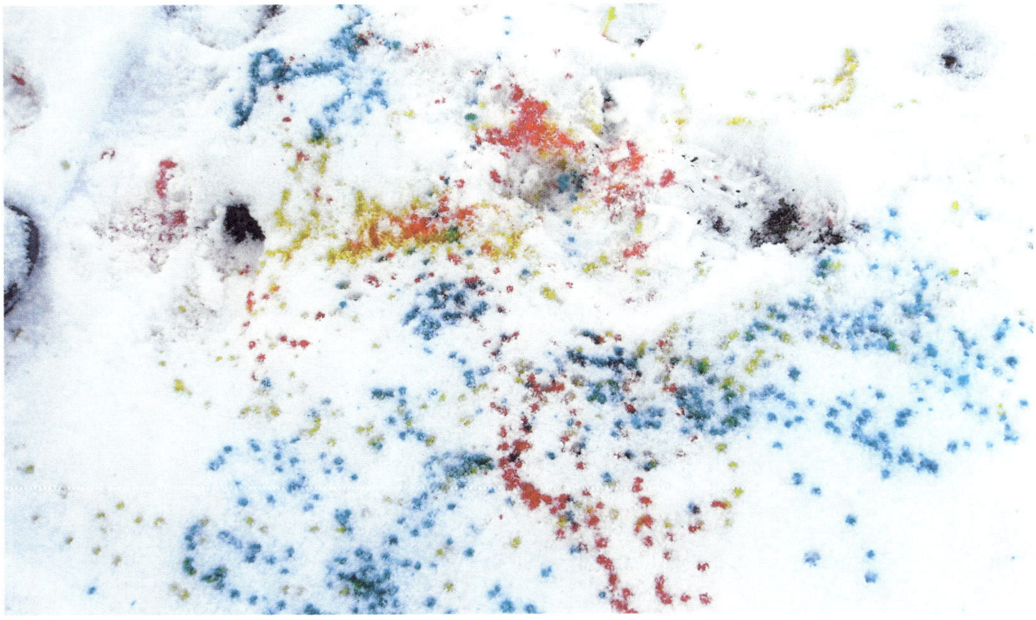

Mit der Sprache spielen

Alle Kinder lieben Fingerspiele, Kniereiter, Gedichte und Mitmachspiele. Schon für Säuglinge sind die wiederkehrenden Fingerkrabbelspiele, die mit Versen begleitet werden, eine lustvolle Erfahrung. Sie eignen sich für Wickelrituale, als Ritual im Morgenkreis, vor dem Essen oder einfach so im Tagesverlauf als kleine Auflockerung. Sobald Kinder sprechen lernen, beginnen sie die Verse nachzusprechen, und mit zunehmender Geschicklichkeit ihrer Hände auch mitzuspielen.

Wenn es Winter wird (Gedicht)

Der See hat eine Haut bekommen,
sodass man fast drauf gehen kann,
und kommt ein großer Fisch geschwommen,
so stößt er mit der Nase an.
Und nimmst du einen Kieselstein
und wirfst ihn drauf, so macht es klirr
und titscher – titscher – titscher – dirr. ..
Heißa, du lustiger Kieselstein!
Er zwitschert wie ein Vögelein
und tut als wie ein Schwälblein fliegen –
doch endlich bleibt mein Kieselstein
ganz weit, ganz weit auf dem See draußen liegen.
Da kommen die Fische haufenweis
und schaun durch das klare Fenster von Eis
und denken, der Stein wär etwas zum Essen;
doch sosehr sie die Nase ans Eis auch pressen,
das Eis ist zu dick, das Eis ist zu alt,
sie machen sich nur die Nasen kalt.
Aber bald, aber bald werden wir selbst auf eignen Sohlen
hinausgehn können und den Stein wieder holen.

Christian Morgenstern

Unser Vogelhaus (Mitmachspiel)

Jetzt wird es draußen kalt,
und weißer Schnee fällt bald.
Die Vögel fliegen hin und her
und finden bald kein Futter mehr.
Kommt, bauen wir ein Haus
und streuen Futter darin aus
für unsre liebe Vogelschar,
so wie in dem vergangnen Jahr.

Arme um den Körper schlingen,
Schneeflocken rieseln lassen,
Arme ausbreiten, fliegen,
Futter im Raum suchen,
mit den Händen ein Dach bilden,
mit den Fingern Futter ausstreuen.

überliefert

Oben auf des Berges Spitze (Mitmachspiel)

Oben auf des Berges Spitze	*Alle sitzen im Kreis,*
sitzt ein Zwerg mit seiner Mütze,	*mit den Händen die Mütze formen,*
wackelt hin und wackelt her,	*hin und her wackeln,*
lacht ganz laut und freut sich sehr.	*auf die Oberschenkel klatschen,*
Reibt sich seine Hände,	*die Hände reiben,*
klopft auf seinen Bauch	*sachte auf den Bauch klopfen,*
und stampft mit den Füßen,	*mit den Füßen aufstampfen,*
klatschen kann er auch.	*in die Hände klatschen,*
Fasst sich an die Nase,	*an die Nase fassen,*
springt ganz froh herum,	*aufspringen,*
hüpft dann wie ein Hase,	*hoppeln wie ein Hase,*
plötzlich fällt er um – bumm!	*sich umfallen lassen: „Bumm" rufen.*

überliefert

Schneemann, Schneemann, kalter Mann (Mitmachspiel)

Schneemann, Schneemann, kalter Mann,	*Formen des Schneemanns andeuten,*
hast 'ne rote Nase dran.	*auf die Nase zeigen,*
Schwarze Augen, schwarzer Mund,	*Augen und Mund nachzeichnen,*
bist so dick und kugelrund.	*dicke Kugel andeuten,*
Kommt der liebe Sonnenschein,	*Arme zur Sonne ausbreiten,*
wirst du bald geschmolzen sein.	*Hände flach auf den Boden legen.*

überliefert

Fünf Fingerlein (Fingerspiel)

Fünf Fingerlein die schlafen fest, wie Vögelein in ihrem Nest. Da kam die Sonne vom Himmel herab, davon ist der Daumen aufgewacht. Der reckte sich und streckte sich und rief erfreut: „Guten Morgen, Frau Sonne, schön ist es heut!"	*Mit einer Hand eine Faust bilden,* *die zweite Hand erscheint als Sonne,* *mit gespreizten Fingern.* *Daumen löst sich aus der Faust.* *Mit dem Daumen winken.*
Er tippte dem Zweiten auf die Schulter, ganz sacht, und davon ist auch der aufgewacht. Er reckte sich und streckte sich und rief erfreut: „Guten Morgen, Frau Sonne, schön ist es heut!" Da haben die beiden gescherzt und gelacht, hihihi, hahahaha,	*Daumen tippt auf den Zeigefinger,* *der löst sich aus der Faust.* *Mit dem Zeigefinger winken.*
und davon sind auch die drei anderen aufgewacht. Die reckten sich und streckten sich und riefen erfreut: „Guten Morgen, Frau Sonne, schön ist es heut!"	*Mittel-, Ring- und kleiner Finger lösen* *sich aus der Hand.* *Arme recken und strecken.*

überliefert

Drei Spatzen (Gedicht)

In einem leeren Haselstrauch,
da sitzen drei Spatzen, Bauch an Bauch.
Der Erich rechts und links der Franz
und mittendrin der freche Hans.

Sie haben die Augen zu, ganz zu,
und obendrüber, da schneit es, hu!
Sie rücken zusammen dicht, ganz dicht.
So warm wie der Hans hat's niemand nicht.

Sie hör'n alle drei ihrer Herzlein Gepoch.
Und wenn sie nicht weg sind, so sitzen sie noch.

Christian Morgenstern

Literatur

Ahnert, L. (Hrsg.) (2008). Frühe Bindung. Entstehung und Entwicklung. München, Basel: Reinhardt

Becker-Stoll, F.; Niesel, R.; Wertfein, M. (2009). Handbuch Kinder in den ersten drei Lebensjahren. Theorie und Praxis für die Tagesbetreuung. Freiburg, Basel, Wien: Herder

Becker-Stoll, F.; Textor, M.R. (Hrsg.) (2007). Die Erzieherin-Kind-Beziehung. Zentrum von Bildung und Erziehung. Berlin, Düsseldorf, Mannheim: Cornelsen Scriptor

Beek, A. von der (2008). Pampers, Pinsel und Pigmente. Ästhetische Bildung von Kindern unter drei Jahren. Weimar, Berlin: Verlag das netz

Beek, A. von der et al. (2006). Bilder im Elementarbereich – Wirklichkeit und Phantasie. Weimar, Berlin: Verlag das netz

Bertelsmann Stiftung, Staatsinstitut für Frühpädagogik (Hrsg.) (2008). Wach, neugierig, klug – Kompetente Erwachsene für Kinder unter 3. Filmszenen und Informationen zur Entwicklung von Kindern. Gütersloh

Bodenburg, J.; Stoltenberg, U. (1994). Erfahrung durch Bewegung. Bewegungsbedürfnisse und Bewegungsanregungen in altersgemischten Kleinstkinder-Gruppen. Berlin: FIPP

Brodin, M.; Hylander, I. (2002). Wie Kinder kommunizieren. Daniel Sterns Entwicklungspsychologie in Krippe und Kindergarten. Weinheim, Basel: Beltz Edition Sozial

Falkenberg, G. (1995). Fingerspiele. Niederhausen: Falken

Fröhlich-Gildhoff, K. et al. (2008). Eltern stärken mit Kursen in Kitas. Handreichung für ErzieherInnen. München, Basel: Reinhardt

Fröhlich-Gildhoff, K.; Fischer, S. (2010), in: Weegmann, W.; Kammerlander, C. (Hrsg.). Die Jüngsten in der Kita. Ein Handbuch zur Krippenpädagogik. Stuttgart: Kohlhammer

Jacoby, E.; Berner, R.S. (Hrsg.) (2001). Dunkel war's, der Mond schien helle. Verse, Reime, Gedichte. München: Deutscher Taschenbuch Verlag

Laewen, H.-J. (2002). Bildung und Erziehung in Kindertageseinrichtungen. In: Laewen, H.-J.; Andres, B. (Hrsg.). Bildung und Erziehung in der frühen Kindheit. Weinheim: Beltz

Merkel, J. (2005). Gebildete Kindheit. Wie die Selbstbildung von Kindern gefördert wird. Handbuch der Bildungsarbeit im Elementarbereich. Bremen: edition lumière

Remmers, U.; Warmbold, U. (Hrsg.) (2003). Im Land der Fantasie. Gedichte für Kinder. Stuttgart: Philipp Reclam jun.

Remmers, U.; Warmbold, U. (Hrsg.) (2004). Ich und Du und große Leute. Gedichte für Kinder. Stuttgart: Philipp Reclam jun.

Schäfer, G.E. (2003). Bildung beginnt mit der Geburt. Weinheim: Beltz

Seitz, M. (1996). Schreib es in den Sand. München: Don Bosco Verlag

Siegler, R.; DeLoache, J.; Eisenberg, N. (2005). Entwicklungspsychologie im Kindes- und Jugendalter. München: Spektrum Akademischer Verlag

Viernickel, S.; Völkel, P. (2009). Bindung und Eingewöhnung von Kleinkindern. Troisdorf: Bildungsverlag EINS

Weber, Ch. (Hrsg.) (2009). Spielen und Lernen mit 0- bis 3-Jährigen. Der entwicklungszentrierte Ansatz in Krippe. (3. Auflage). Berlin, Düsseldorf, Mannheim: Cornelsen Scriptor

Fotonachweise

Sibylle Fischer, Barbara Mößner, Natascha Goedel, Caroline Fiedler: S. 8 f., S. 10 f., S. 12, S. 14, S. 17, S. 18 f., S. 21, S. 22 f., S. 25, S. 29, S. 31, S. 35, S. 37, S. 38, S. 41, S. 44, S. 46, S. 48, S. 53, S. 54, S. 57, S. 58, S. 60, S. 63, S. 66 f., S. 68 f., S. 70 f., S. 73, S. 74, S. 76

S. 16: © runzelkorn – fotolia.com, S. 20: © maSpi – fotolia.com,
S. 24: © Christian Jung – fotolia.com, S. 26: © Smileus – fotolia.com,
S. 27: © womue – fotolia.com, S. 30: © remar – fotolia.com,
S. 33: © by_adr – fotolia.com, S. 40: © sandra zuerlein – fotolia.com,
S. 42: © Abe Mossop – fotolia.com, S. 43: © Maren Brinkmann – fotolia.com,
S. 47: © Joerg Mikus – fotolia.com, S. 49: © Wolfgang Jargstorff – fotolia.com,
S. 51: © Carola Schubbel – fotolia.com, S. 52: beide © pegbes – fotolia.com,
S. 65: © dudek – fotolia.com, S. 75: © andreapetrlik – fotolia.com